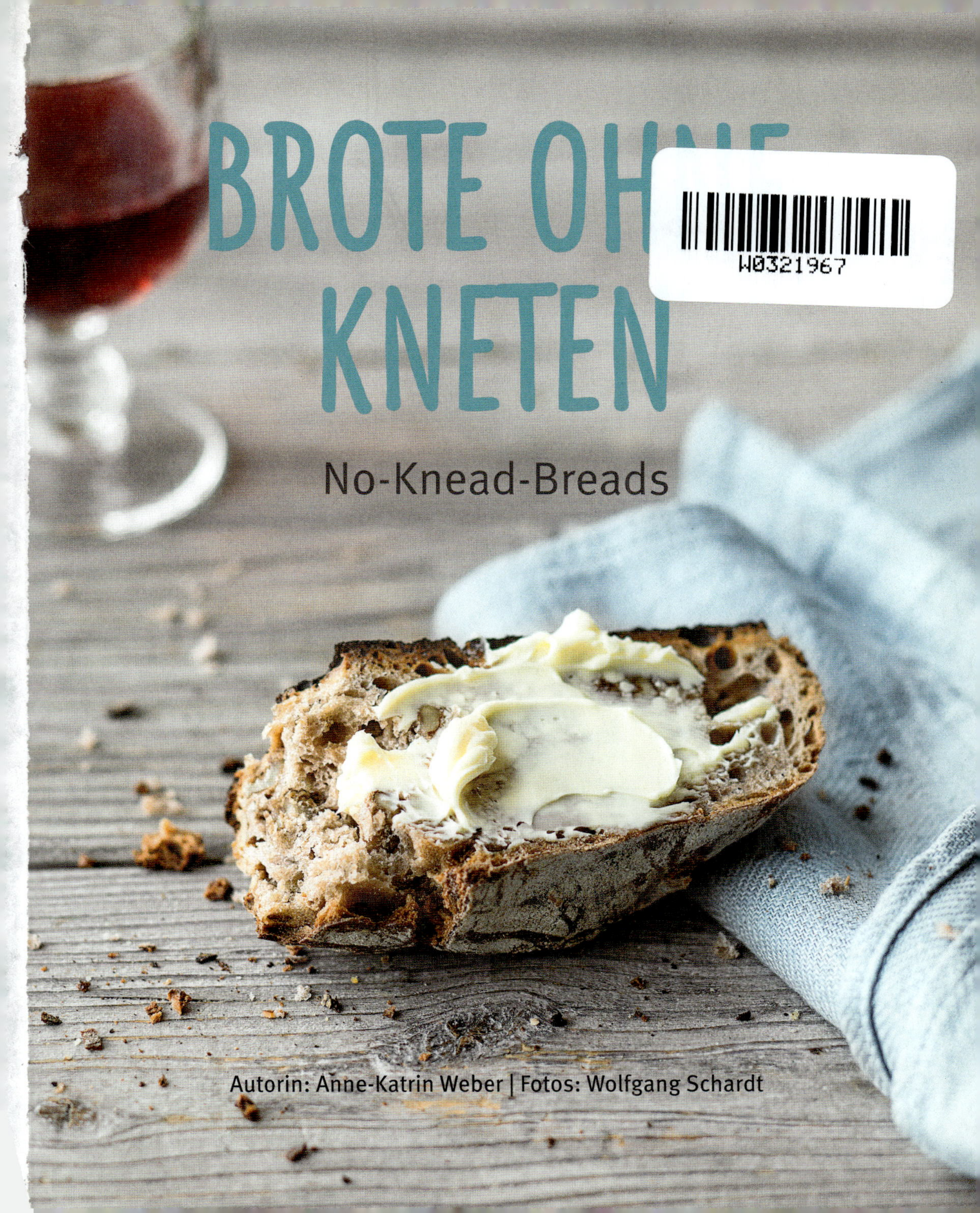
BROTE OH
KNETEN
No-Knead-Breads
Autorin: Anne-Katrin Weber | Fotos: Wolfgang Schardt

DIE GU-QUALITÄTS-GARANTIE

Wir möchten Ihnen mit den Informationen und Anregungen in diesem Buch das Leben erleichtern und Sie inspirieren, Neues auszuprobieren. Bei jedem unserer Bücher achten wir auf Aktualität und stellen höchste Ansprüche an Inhalt, Optik und Ausstattung. Alle Rezepte und Informationen werden von unseren Autoren gewissenhaft erstellt und von unseren Redakteuren sorgfältig ausgewählt und mehrfach geprüft. Deshalb bieten wir Ihnen eine 100 %ige Qualitätsgarantie.

Darauf können Sie sich verlassen:
Wir legen Wert darauf, dass unsere Kochbücher zuverlässig und inspirierend zugleich sind.
Wir garantieren:

- dreifach getestete Rezepte
- sicheres Gelingen durch Schritt-für-Schritt-Anleitungen und viele nützliche Tipps
- eine authentische Rezept-Fotografie

Wir möchten für Sie immer besser werden:
Sollten wir mit diesem Buch Ihre Erwartungen nicht erfüllen, lassen Sie es uns bitte wissen! Wir tauschen Ihr Buch jederzeit gegen ein gleichwertiges zum gleichen oder ähnlichen Thema um. Nehmen Sie einfach Kontakt zu unserem Leserservice auf. Die Kontaktdaten unseres Leserservice finden Sie am Ende dieses Buches.

GRÄFE UND UNZER VERLAG
Der erste Ratgeberverlag – seit 1722.

KV

INHALT

TIPPS UND EXTRAS

COVER-REZEPT

10 HELLE UND MILDE BROTE

30 KRÄFTIGE UND HERZHAFTE BROTE

46 BRÖTCHEN, PIZZA & CO.

DIE NO-KNEAD-METHODE

Keine Lust auf stundenlanges Teigmachen mit Ansätzen, Brühstücken & Co.? Gar kein Problem: Hier geht Brotbacken einmal ganz anders – nach dem Motto »less is more«!

Die ursprüngliche Idee, »Brot ohne Kneten« zu backen, stammt von dem Amerikaner Jim Lahey. Er wollte zu Hause mit möglichst geringem Aufwand ein ebenso gutes Brot backen wie das Brot, das man bei einem guten Bäcker kaufen kann. Und so funktioniert's:

RÜHREN STATT KNETEN

Brotteige werden normalerweise intensiv von Hand oder mit der Maschine geknetet, damit das in Weizen oder Dinkel enthaltene Klebereiweiß Glutenstränge entwickelt, die das Teiggerüst und -volumen ausmachen. Brotteig nach der No-Knead-Methode wird dagegen nur mit einem Kochlöffel verrührt, von Kneten weit und breit keine Spur. Dafür wäre der Teig auch viel zu weich! Stattdessen darf er ca. 18 Stunden ruhen. Während dieser Fermentationszeit entwickelt er die Glutenstränge auch ganz ohne unser Zutun! Angenehmer Nebeneffekt: Die lange Teigruhe verbessert das Aroma, die Haltbarkeit und Bekömmlichkeit des Brotes.

TEIGBEARBEITUNG – AUF DIE SANFTE TOUR!

Im Anschluss an die lange Ruhezeit wird der weiche No-Knead-Teig sehr schonend und sanft direkt in der Teigschüssel oder auch auf der Arbeitsfläche bearbeitet. Die Vorgehensweise ist dabei immer dieselbe: Beim sogenannten Dehnen wird der weiche Teig mithilfe einer Teigkarte oder eines Teigschabers in die Länge gezogen. Beim anschließenden Falten wird der langgezogene Teig über sich selbst geschlagen und auf diese Weise zusammengefaltet. Wiederholt man diesen Vorgang einige Male, wird der Teig deutlich straffer und verändert sich von einem weichen, wabbeligen, kaum formbaren Teig zu einer etwas strafferen Kugel. Und schon nach ein paar Broten hat man raus, wie viel Bearbeitung der Teig benötigt.

PERFEKTES BACKEN – IM SCHWEREN TOPF

Anders als Haushaltsöfen erzeugen professionelle Bäckerei-Backöfen höhere Hitze und sie arbeiten mit Dampf. Beides sorgt für eine knusprige Kruste und saftige Krume – so wie wir das von einem guten Brot erwarten. Um Hitze und Dampf auch im Haushaltsbackofen zu erzeugen, kreierte Jim Lahey eine neue Backmethode, den »Ofen im Ofen«. Dafür heizte er einen schweren, gusseisernen Topf (in den USA als »Dutch oven« bekannt) mitsamt passendem Deckel im Backofen auf. Der Deckel hält dabei die Feuchtigkeit im Topf und ersetzt die professionelle Bedampfung.

Wenn Sie (noch) keinen gusseisernen Topf besitzen, tut's für den Anfang auch ein Emailletopf mit Deckel oder eine glasierte Tonschüssel mit Deckel. Aber Sie werden sehen, die Investition in einen gusseisernen Topf zahlt sich aus – und er ist ja nicht nur zum Brotbacken geeignet. Als Faustregel gilt: alle Brote in diesem Buch backe ich in einem Topf von 20 cm Ø. Wer lieber große Brote backen will, nimmt einen Topf mit 24–26 cm Ø und multipliziert die Zutatenmengen mit 1,4. Vergessen Sie dann aber bitte nicht, auch die jeweilige Flüssigkeitsmenge zu erhöhen!

Übrigens: In der Regel muss der Topf nicht gefettet werden, das Brot löst sich nach dem Backen ganz leicht von selbst. Bei sehr feuchten oder klebrigen Teigen streue ich zusätzlich etwas Weizenschrot, Mehl oder Grieß auf den Topfboden, bevor ich den gut bemehlten oder mit Kleie oder Schrot bestreuten Teig hineingebe. Das hilft!

BRÖTCHEN GELINGEN ZWISCHEN BLECHEN

Anders als Brote werden kleine oder flache Gebäcke nicht im Topf gebacken. Stattdessen kommen zwei Bleche zum Einsatz, nach Möglichkeit ein flaches Backblech sowie ein etwas tieferes Blech, die sogenannte Fettpfanne. Beide sind normalerweise standardmäßig bei jedem Backofen dabei.

Analog zum Topf werden beide Bleche ebenfalls lange vorgeheizt. Dann ziehe ich auf das untere, flache Backblech ein Backpapier, auf dem die geformten Teiglinge ruhen. Das Blech wird in den Ofen geschoben und mit der tieferen Fettpfanne bedeckt, wobei das obere Blech »verkehrt herum« auf das untere Blech gelegt wird, sodass die Teiglinge nach oben genug Platz zum Aufgehen haben. So ist das Gebäck, ähnlich wie im Topf, von allen Seiten von Hitze umgeben und der austretende Dampf kann nur geringfügig entweichen.

GUTE ZUTATEN FÜR GUTES BROT

Mehl, Wasser, Hefe und Salz – mehr braucht es eigentlich nicht zum Brotbacken. Mit Nüssen, Samen, Gewürzen, Oliven, Käse und Früchten kommt zusätzlich Abwechslung auf den Tisch!

WEIZENMEHL

Der Klassiker, wenn's ums Backen geht. Für helle Brote nehmen wir Weizenmehl der Type 550 (1). Mit dem auch als »Brotmehl« bezeichneten Weizenmehl der Type 1050 wird der Teig etwas dunkler und fester. Das noch viel dunklere, gröbere Weizenvollkornmehl ist mit seinem höheren Ballast- und Mineralstoffgehalt nicht nur gesünder, sondern hat auch ein kräftigeres Aroma.

DINKELMEHL

Gebäcke aus Dinkelmehl (2) werden auch dann oft gut vertragen, wenn Weizen Probleme macht. Generell darf man Dinkelteige nicht zu lange kneten, was perfekt zur No-Knead-Methode passt. Wichtiger ist, dass Dinkel weniger Wasser bindet als Weizen und ein schwächeres Teiggerüst ausbildet. Der Teig gerät dadurch weicher, lässt sich schwerer formen und geht in der Regel nicht so stark auf. Damit Dinkelbrote nach der No-Knead-Methode dennoch gelingen, gebe ich ca. 2 EL Zitronensaft zur Teigflüssigkeit, das verbessert die Teigstruktur.

ROGGENMEHL

Brote mit Roggenschrot (3) oder -mehl haben einen kräftigen Geschmack – das macht sie so beliebt! Roggenmehl kann viel Feuchtigkeit binden, was die Brote lange frisch hält. Rezepte mit viel Roggenmehl müssen mit Sauerteig zubereitet werden. Der sorgt dafür, dass das kleberfreie Roggenmehl eine backfähige Teigstruktur ausbildet.

WASSER

Zum Anrühren des Brotteiges nehme ich 15–18° kaltes Wasser (4), so wie es hierzulande aus dem Wasserhahn kommt. Das kalte Wasser sorgt dafür, dass der Teig in der Ruhephase ganz langsam aufgeht und so ausreichend Zeit hat, um seine Struktur und sein Aroma optimal zu entwickeln.

HEFE

Das beste Triebmittel für No-Knead-Brote ist Hefe. Ich verwende am liebsten Trockenhefe (5): die gibt es in jedem Supermarkt, lässt sich gut dosieren und Reste halten notfalls sogar monatelang bis zum nächsten Backtag. Wer lieber frische Hefe (6) verarbeitet, ersetzt die Trockenhefe durch eine erbsengroße Menge Frischhefe (ca. 0,5 g). Achten Sie jedoch auf echte Frische: Bis zum Mindesthaltbarkeitsdatum sollten es noch 2–3 Wochen sein. Je älter Hefe ist, umso schwächer wird ihre Triebkraft. Frische Hefe immer in etwas Wasser auflösen, bevor man sie zum Mehl gibt.

SALZ

Klar, Salz (7) sorgt vor allem für den Geschmack. Es macht Brotteig aber auch stabiler. Als Empfehlung gilt: 10 g Salz auf 500 g Mehl. Allerdings schmeckt etwa Meersalz weniger salzig als Siedesalz. Nach ein paar Versuchen mit »Ihrem« Salz haben Sie bestimmt die richtige Dosierung raus. Am besten die Salzmenge genau abwiegen, so vermeiden Sie salzarmes oder versalzenes Brot!

1
2
3
4
5
6
7

GRUNDREZEPT HELLES WEIZENBROT

Dieses rustikale Brot zeigt alle wichtigen Arbeitsschritte, wie sie auch in den folgenden Rezepten vorkommen. Probieren Sie es aus und ernten Sie Genuss in Reinform!

1 Am Vortag das Mehl in eine große Schüssel geben. Die Trockenhefe und das Salz hinzufügen und alles mit einem Kochlöffel gründlich vermischen.

2 Zum Anrühren des Brotteiges 330 ml kaltes Wasser abmessen oder abwiegen. Das Wasser kurz mit einem Kochlöffel unter die Mehl-Mischung rühren.

3 Die Schüssel mit Frischhaltefolie, einem passenden Deckel oder einem großen Teller abdecken. Den Teig bei Zimmertemperatur (18–21°) 18 Std. ruhen lassen.

4 Am nächsten Tag die Arbeitsfläche großzügig mit etwas Mehl bestreuen. Den weichen Teig behutsam aus der Schüssel darauf gleiten lassen.

5 Den Teig mithilfe der Teigkarte etwas dehnen. Zuerst von rechts und links übereinanderschlagen, dann den Teig von oben und unten übereinanderschlagen.

6 Den Dehn- und Überschlagvorgang wie in Step 5 beschrieben 2–3-mal wiederholen, bis der Teig deutlich straffer ist und sich zu einer Kugel formen lässt.

450 g Weizenmehl (Type 550) | 1/4 TL Trockenhefe | 10 g Salz

Außerdem:

Mehl oder Weizenkleie zum Arbeiten

Für 1 Brot (15 Scheiben) | 15 Min. Zubereitung | 20 Std. Ruhen | 45 Min. Backen | Pro Scheibe ca. 105 kcal, 3 g EW, 0 g F, 22 g KH

7 Ein Gärkörbchen großzügig mit Mehl oder Kleie ausstreuen. Oder eine Schüssel mit Leinentuch ausschlagen und gut mit Mehl oder Kleie bestreuen.

8 Den zur Kugel geformten Teig mit der Naht nach unten (also verkehrt herum) in das Gärkörbchen geben und weitere 2 Std. bei Zimmertemperatur gehen lassen.

9 30 Min. vor Ende der Gehzeit einen gusseisernen Bräter mitsamt Deckel (20 cm ∅) im Ofen auf 250° vorheizen. Den heißen Bräter aus dem Ofen nehmen.

10 Den Teig umgedreht in den Bräter geben (die Naht zeigt jetzt nach oben). Das Brot im Ofen (unten oder unteres Drittel) zugedeckt 30 Min. backen.

11 Die Ofentemperatur auf 230° reduzieren. Den Deckel abnehmen. Das Brot offen in 10–15 Min. knusprig und gebräunt backen (Stäbchenprobe machen).

12 Den Bräter aus dem Ofen nehmen. Das fertig gebackene Brot auf ein Gitter stürzen und vor dem Anschneiden vollständig auskühlen lassen.

HELLE UND MILDE BROTE

Diese Jeden-Tag-Rezepte passen immer: Mit ihrem milden Aroma sind die hauptsächlich aus feinem Weizen- und Dinkelmehl hergestellten Teige die optimalen Partner für Kräuter, Früchte, Käse & Co. Wenn die Brote mit ihrer verführerischen Kruste aus dem Ofen kommen, will ich am liebsten sofort reinbeißen …

OLIVENBROT

Dieses Brot knuspert sich ganz nebenbei weg, so verlockend ist sein würziger Geruch. Passt super zu Ziegenkäse – und schon ist es da, mein »Urlaub-in-Frankreich-Gefühl«.

150 g schwarze Oliven (entsteint, in Öl oder Lake eingelegt)
450 g Weizenmehl (Type 1050)
¼ TL Trockenhefe
10 g Salz
3 TL Kräuter der Provence
Außerdem:
Mehl oder Weizenkleie zum Arbeiten

Zum Anbeißen schön

Für 1 Brot (15 Scheiben)
15 Min. Zubereitung
20 Std. Ruhen
45 Min. Backen
Pro Scheibe ca. 120 kcal, 3 g EW, 2 g F, 22 g KH

1 Am Vortag die Oliven gut abtropfen lassen und grob hacken. In einer Schüssel Mehl, Trockenhefe, Salz und 2 TL Kräuter der Provence mischen. 330 ml kaltes Wasser und die Oliven kurz mit einem Kochlöffel unterrühren. Den Teig abdecken und bei Zimmertemperatur (18–21°) 18 Std. ruhen lassen.

2 Am nächsten Tag die Arbeitsfläche großzügig mit Mehl bestreuen. Den weichen Teig behutsam aus der Schüssel daraufgleiten lassen. Den Teig mit einer Teigkarte zuerst von rechts und links, dann von oben und unten überschlagen. Diesen Vorgang 1–2-mal wiederholen, bis der Teig deutlich straffer wird.

3 Ein Gärkörbchen großzügig mit Mehl ausstreuen (oder eine Schüssel mit einem Leinentuch ausschlagen und ebenfalls großzügig mit Mehl bestreuen). Den Teig mit der Naht nach unten in das Körbchen geben und abgedeckt weitere 2 Std. bei Zimmertemperatur gehen lassen.

4 Etwa 30 Min. vor Ende der Gehzeit den gusseisernen Bräter (20 cm Ø) mitsamt Deckel im Backofen auf 250° vorheizen. Den heißen Bräter aus dem Ofen holen, den Teig umgedreht (die Naht zeigt nach oben) hineingeben, den Bräter in den heißen Ofen schieben (unten oder im unteren Drittel) und das Olivenbrot abgedeckt 30 Min. backen.

5 Anschließend die Backofentemperatur auf 230° reduzieren, den Deckel abnehmen und das Brot offen in 10–15 Min. knusprig und gebräunt zu Ende backen (Stäbchenprobe machen). Den Topf aus dem Ofen nehmen, das Brot auf ein Gitter stürzen und vollständig auskühlen lassen.

MAISBROT

Wer Maisbrot als »trocken und krümelig« abgehakt hat, sollte einmal dieses Rezept ausprobieren: Die gekochte Polenta im Teig macht das Brot weich und richtig saftig.

50 g Instant-Polenta
15 g Salz
350 g Weizenmehl (Type 550)
100 g Maismehl
¼ TL Trockenhefe
Außerdem:
Polenta und Mehl zum Arbeiten

Zartgelb, saftig und mild

Für 1 Brot (15 Scheiben) | 20 Min. Zubereitung | 20 Std. Ruhen | 45 Min. Backen
Pro Scheibe ca. 115 kcal, 4 g EW, 1 g F, 24 g KH

1 Am Vortag 200 ml Wasser mit 5 g Salz aufkochen. Die Instant-Polenta einrieseln lassen und unter Rühren in ca. 5 Min. zu einem dicken Brei kochen. Den Topf vom Herd nehmen und die Polenta abgedeckt mindestens 30 Min. ausquellen und abkühlen lassen.

2 In einer Schüssel beide Mehlsorten, Hefe und das übrige Salz mischen. Den Polentabrei nach und nach mit 330 ml kaltem Wasser glatt rühren und unter die Mehlmischung rühren. Den Teig abgedeckt bei Zimmertemperatur (18–21°) 18 Std. ruhen lassen.

3 Am nächsten Tag die Arbeitsfläche großzügig mit Polenta und Mehl bestreuen. Den weichen Teig behutsam aus der Schüssel daraufgleiten lassen. Den Teig mit einer Teigkarte zuerst von rechts und links, dann von oben und unten überschlagen. Diesen Vorgang 1–2-mal wiederholen, bis der Teig deutlich straffer wird. Ein Gärkörbchen großzügig mit Polenta und Mehl ausstreuen. Den Teig mit der Naht nach unten hineingeben und abgedeckt weitere 2 Std. bei Zimmertemperatur gehen lassen.

4 Etwa 30 Min. vor Ende der Gehzeit den gusseisernen Bräter (20 cm Ø) mitsamt Deckel im Backofen auf 250° vorheizen. Den heißen Bräter aus dem Ofen holen, den Teig umgedreht (die Naht zeigt nach oben) hineingeben, den Bräter in den Ofen schieben (unten) und das Brot abgedeckt 30 Min. backen.

5 Anschließend die Backofentemperatur auf 230° reduzieren, den Deckel abnehmen und das Brot offen in 10–15 Min. knusprig und gebräunt zu Ende backen (Stäbchenprobe machen). Das Brot auf einem Gitter auskühlen lassen.

QUINOABROT

Quinoa im Salat? Fast schon ein alter Hut! Wir packen das trendige Anden-Korn lieber in einen saftigen Teig und erfreuen uns am nussigen Geschmack und der schönen Farbe.

100 g bunte Quinoa (Quinoa multicolore oder tricolore)
15 g Salz
300 g Weizenmehl (Type 550)
150 g Vollkorn-Weizenmehl
¼ TL Trockenhefe
Außerdem:
Mehl oder Weizenkleie zum Arbeiten
2 EL bunte Quinoa zum Bestreuen

Gesundes Kraftpaket

Für 1 Brot (15 Scheiben) | 25 Min. Zubereitung | 20 Std. Ruhen | 45 Min. Backen
Pro Scheibe ca. 130 kcal, 5 g EW, 1 g F, 25 g KH

1 Am Vortag die Quinoa in einem Sieb abspülen und abtropfen lassen. 240 ml Wasser mit 5 g Salz aufkochen, die Quinoa hineingeben, aufkochen und abgedeckt bei mittlerer Hitze ca. 12 Min. köcheln lassen. Den Topf vom Herd nehmen, die Quinoa ausquellen und mindestens 1 Std. abkühlen lassen.

2 In einer Schüssel beide Mehlsorten, Trockenhefe und das übrige Salz mischen. 350 ml kaltes Wasser sowie die Quinoa kurz mit einem Kochlöffel unterrühren (Bild 1). Den Teig abdecken und bei Zimmertemperatur (18–21°) 18 Std. ruhen lassen.

3 Am nächsten Tag die Arbeitsfläche großzügig mit etwas Mehl bestreuen. Den weichen Teig aus der Schüssel daraufgleiten lassen und mit einer Teigkarte zuerst von rechts und links, dann von oben und unten überschlagen. Diesen Vorgang 1–2-mal wiederholen, bis der Teig deutlich straffer wird (Bild 2). Ein Gärkörbchen großzügig mit Mehl ausstreuen, den Teig mit der Naht nach unten hineingeben (Bild 3) und abgedeckt weitere 2 Std. bei Zimmertemperatur gehen lassen.

4 Etwa 30 Min. vor Ende der Gehzeit den gusseisernen Bräter (20 cm Ø) mitsamt Deckel im Backofen auf 250° vorheizen. Den heißen Bräter aus dem Ofen holen, den Teig umgedreht (die Naht zeigt nach oben) hineingeben, mit Quinoa bestreuen, den Bräter in den Ofen schieben (unten oder unteres Drittel) und das Brot abgedeckt 30 Min. backen. Anschließend die Ofentemperatur auf 230° reduzieren, den Deckel abnehmen und das Brot offen in 10–15 Min. knusprig und gebräunt zu Ende backen (Stäbchenprobe machen). Das Brot auf einem Gitter auskühlen lassen.

1

2

3

PARMESAN-CHILI-BROT

Käse aufs Brot? Nein, lieber im Brot! Mit einem Klecks Avocadocreme, Tomatenscheiben und ein paar Blättchen Rucola wird daraus ein köstliches Sandwich.

100 g Parmesan
½ Bund Petersilie
450 g Weizenmehl (Type 1050)
¼ TL Trockenhefe
10 g Salz
1 TL Chiliflocken
2 TL frische Thymianblättchen
Außerdem:
Mehl zum Arbeiten

Schmeckt nach Urlaub

Für 1 Brot (15 Scheiben) |
20 Min. Zubereitung |
20 Std. Ruhen |
45 Min. Backen
Pro Scheibe ca. 120 kcal,
5 g EW, 2 g F, 21 g KH

1 Am Vortag den Parmesan entrinden und grob reiben. Die Petersilie waschen, trocken schütteln, die Blätter abzupfen und grob hacken. In einer Schüssel Mehl, Trockenhefe, Salz und Chiliflocken mit einem Kochlöffel mischen. 340 ml kaltes Wasser, 75 g Parmesan, die Petersilie und den Thymian kurz mit einem Kochlöffel unterrühren. Den Teig abdecken und bei Zimmertemperatur (18–21°) 18 Std. ruhen lassen.

2 Am nächsten Tag die Arbeitsfläche großzügig mit Mehl bestreuen. Den weichen Teig behutsam aus der Schüssel daraufgleiten lassen und mit der Teigkarte zuerst von rechts und links, dann von oben und unten überschlagen. Diesen Vorgang noch 1–2-mal wiederholen, bis der Teig deutlich straffer wird.

3 Ein Gärkörbchen großzügig mit Mehl ausstreuen (oder eine Schüssel mit einem Leinentuch ausschlagen und großzügig mit Mehl bestreuen). Den Teig mit der Naht nach unten hineingeben und abgedeckt weitere 2 Std. bei Zimmertemperatur gehen lassen. Etwa 30 Min. vor Ende der Gehzeit den gusseisernen Bräter (20 cm Ø) mitsamt Deckel im Backofen auf 250° vorheizen.

4 Den heißen Bräter aus dem Ofen holen, den Teig umgedreht (die Naht zeigt nach oben) hineingeben, mit dem übrigen Parmesan bestreuen, den Bräter in den Ofen schieben (unten oder unteres Drittel) und das Brot abgedeckt 30 Min. backen.

5 Anschließend die Backofentemperatur auf 230° reduzieren, den Deckel abnehmen und das Brot offen in 10–15 Min. knusprig und gebräunt zu Ende backen (Stäbchenprobe machen). Das Brot auf einem Gitter auskühlen lassen.

1 TL Korianderkörner
je 1 TL Anis-, Fenchel- und Kümmelsamen
375 g Vollkorn-Weizenmehl
75 g Roggenschrot (mittelfein gemahlen)
¼ TL Trockenhefe
10 g Salz
1 EL Weißweinessig
1 EL kräftiger Honig (25 g, ersatzweise dunkler Rübensirup)

Außerdem:
Roggenschrot zum Arbeiten

Rustikal körnig

Für 1 Brot (15 Scheiben) | 15 Min. Zubereitung | 20 Std. Ruhen | 45 Min. Backen
Pro Scheibe ca. 105 kcal, 4 g EW, 1 g F, 21 g KH

1 Am Vortag den Koriander, Anis, Fenchel und Kümmel im Mörser zerstoßen. In einer Schüssel Mehl, Schrot, Trockenhefe, Salz und Gewürze mischen. 340 ml kaltes Wasser mit dem Essig und Honig gründlich vermischen und kurz mit einem Kochlöffel unterrühren. Den Teig mit Frischhaltefolie oder einem Teller abdecken und bei Zimmertemperatur (18–21°) 18 Std. ruhen lassen.

2 Am nächsten Tag die Arbeitsfläche mit etwas Roggenschrot bestreuen. Den weichen Teig behutsam aus der Schüssel daraufgleiten lassen. Den Teig mit einer Teigkarte zuerst von rechts und links, dann von oben und unten überschlagen. Diesen Vorgang 1–2-mal wiederholen, bis der Teig etwas straffer wird.

3 Ein Gärkörbchen großzügig mit Roggenschrot ausstreuen (oder eine Schüssel mit einem Leinentuch ausschlagen und ebenfalls großzügig mit Schrot bestreuen). Den Teig mit der Naht nach unten hineingeben und abgedeckt weitere 2 Std. bei Zimmertemperatur gehen lassen.

4 Etwa 30 Min. vor Ende der Gehzeit den gusseisernen Bräter (20 cm ∅) mitsamt Deckel im Backofen auf 250° vorheizen. Den heißen Bräter aus dem Ofen holen, den Teig umgedreht (die Naht zeigt nach oben) hineingeben, den Deckel auflegen, den Bräter in den Ofen schieben (unten oder unteres Drittel) und das Brot abgedeckt 30 Min. backen.

5 Anschließend die Backofentemperatur auf 230° reduzieren, den Deckel abnehmen und das Brot offen in 10–15 Min. knusprig und gebräunt zu Ende backen (Stäbchenprobe machen). Den Topf aus dem Ofen nehmen, das Brot auf ein Gitter stürzen und vollständig auskühlen lassen.

TIPP **Essig im Brotteig? Er wird zwar nur sparsam dosiert, spielt aber trotzdem eine wichtige Rolle, denn seine Säure sorgt bei Teigen mit Roggenanteil für eine elastische Teigstruktur.**

MARONENBROT

Wundern Sie sich nicht, wenn plötzlich Ihre Nachbarn an der Haustür klingeln: Der leicht süßliche Duft von Maronen und Lebkuchengewürz ist einfach zu verlockend.

200 g Maronen (Vakuumpäckchen)
300 g Vollkorn-Weizenmehl
150 g Weizenmehl (Type 550)
¼ TL Trockenhefe
10 g Salz
1,5 TL Lebkuchengewürz (ersatzweise Zimtpulver)

Außerdem:
Weizenkleie und Mehl zum Arbeiten

Herbstlicher Hochgenuss

Für 1 Brot (15 Scheiben) | 20 Min. Zubereitung | 20 Std. Ruhen | 45 Min. Backen
Pro Scheibe ca. 125 kcal, 4 g EW, 1 g F, 24 g KH

1 Am Vortag die Maronen grob hacken. In einer Schüssel beide Mehlsorten, Trockenhefe, Salz, Maronen und Lebkuchengewürz mischen. 370 ml kaltes Wasser kurz mit einem Kochlöffel unterrühren. Den Teig abdecken und bei Zimmertemperatur (18–21°) 18 Std. ruhen lassen.

2 Am nächsten Tag die Arbeitsfläche großzügig mit Weizenkleie bestreuen. Den weichen Teig behutsam aus der Schüssel daraufgleiten lassen. Den Teig mit einer Teigkarte zuerst von rechts und links, dann von oben und unten überschlagen. Diesen Vorgang 1–2-mal wiederholen, bis der Teig deutlich straffer wird. Ein Gärkörbchen großzügig mit Mehl ausstreuen. Den Teig mit der Naht nach unten hineingeben und abgedeckt weitere 2 Std. bei Zimmertemperatur gehen lassen.

3 Etwa 30 Min. vor Ende der Gehzeit den gusseisernen Bräter (20 cm ∅) mitsamt Deckel im Ofen auf 250° vorheizen. Den heißen Bräter aus dem Ofen holen, den Teig umgedreht (die Naht zeigt nach oben) hineingeben, in den Ofen schieben (unten oder unteres Drittel) und das Brot abgedeckt 30 Min. backen.

4 Anschließend die Backofentemperatur auf 230° reduzieren, den Deckel abnehmen und das Brot offen in 10–15 Min. knusprig und gebräunt zu Ende backen (Stäbchenprobe machen). Das Brot auf einem Gitter auskühlen lassen.

TIPP **Generell gilt: No-Knead-Brote schmecken frisch am besten. Zum Aufbewahren packen Sie die Brote locker in eine Brötchentüte vom Bäcker, so bleiben sie 2–3 Tage frisch.**

KARTOFFEL-SPECK-BROT

Die beliebte Bratkartoffel-Kombi steckt hier im Brot: Der Speck sorgt für intensiven Geschmack und leckeren Geruch, die Kartoffeln halten die Krume saftig.

300 g mehligkochende Kartoffeln
60 g durchwachsener Speck (ersatzweise geräucherter Schinken)
300 g Weizenmehl (Type 550)
150 g Vollkorn-Weizenmehl
¼ TL Trockenhefe
11 g Salz
Außerdem:
Mehl und Weizenkleie zum Arbeiten

Deftiges Brotzeitschmankerl

Für 1 Brot (15 Scheiben) | 30 Min. Zubereitung | 20 Std. Ruhen | 45 Min. Backen
Pro Scheibe ca. 140 kcal, 4 g EW, 3 g F, 23 g KH

1 Am Vortag die Kartoffeln in 20–25 Min. weich garen, abgießen und offen abkühlen lassen. Den Speck in sehr feine Würfel schneiden. Die Kartoffeln pellen und grob reiben. In einer Schüssel beide Mehlsorten, Trockenhefe und Salz mischen. Die Kartoffeln, den Speck und 340 ml kaltes Wasser kurz mit einem Kochlöffel unterrühren. Den Teig abdecken und bei Zimmertemperatur (18–21°) 18 Std. ruhen lassen.

2 Am nächsten Tag die Arbeitsfläche großzügig mit Mehl und Weizenkleie bestreuen. Den weichen Teig behutsam aus der Schüssel daraufgleiten lassen, mit einer Teigkarte zuerst von rechts und links, dann von oben und unten überschlagen. Diesen Vorgang 1–2-mal wiederholen, bis der Teig deutlich straffer wird. Ein Gärkörbchen großzügig mit Mehl ausstreuen. Den Teig mit der Naht nach unten hineingeben und abgedeckt weitere 2 Std. bei Zimmertemperatur gehen lassen.

3 Etwa 30 Min. vor Ende der Gehzeit den gusseisernen Bräter (20 cm Ø) mitsamt Deckel im Backofen auf 250° vorheizen. Den heißen Bräter aus dem Ofen holen, den Teig umgedreht (die Naht zeigt nach oben) hineingeben, den Deckel auflegen, den Bräter in den Ofen schieben (unten oder unteres Drittel) und das Brot abgedeckt 30 Min. backen.

4 Anschließend die Backofentemperatur auf 230° reduzieren, den Deckel abnehmen und das Brot offen in 10–15 Min. knusprig und gebräunt zu Ende backen (Stäbchenprobe machen). Den Topf aus dem Ofen nehmen, das Brot auf ein Gitter stürzen und vollständig auskühlen lassen.

1

2

3

WALNUSSBROT

Dieses kräftig schmeckende Brot harmoniert bestens mit einem ebensolchen Belag. Wie wär's mit herzhaftem Rohmilchkäse, würziger Salami oder geräuchertem Schinken?

150 g Walnusskerne
140 g Weizenmehl (Type 550)
240 g Weizenmehl (Type 1050)
70 g Roggenmehl (Type 1150)
¼ TL Trockenhefe
2 EL brauner Zucker
10 g Salz
1 EL Weißweinessig
Außerdem:
Mehl und Weizenkleie zum Arbeiten

Herzhaftes Brainfood

Für 1 Brot (15 Scheiben) | 20 Min. Zubereitung | 20 Std. Ruhen | 45 Min. Backen
Pro Scheibe ca. 175 kcal, 5 g EW, 7 g F, 23 g KH

1 Am Vortag die Walnüsse grob hacken. In einer Schüssel alle Mehlsorten, Trockenhefe, Zucker, Salz und Walnüsse mischen. Den Essig mit 350 ml kaltem Wasser ergänzen und kurz mit einem Kochlöffel unterrühren. Den Teig abdecken und bei Zimmertemperatur (18–21°) 18 Std. ruhen lassen.

2 Am nächsten Tag die Arbeitsfläche großzügig mit Mehl und Kleie bestreuen. Den weichen Teig behutsam aus der Schüssel daraufgleiten lassen. Den Teig mit einer Teigkarte zuerst von rechts und links, dann von oben und unten überschlagen. Diesen Vorgang 1–2-mal wiederholen, bis der Teig deutlich straffer wird. Ein Gärkörbchen großzügig mit Mehl ausstreuen. Den Teig mit der Naht nach unten hineingeben und abgedeckt weitere 2 Std. bei Zimmertemperatur gehen lassen.

3 Etwa 30 Min. vor Ende der Gehzeit den gusseisernen Bräter (20 cm ∅) mitsamt Deckel im Backofen auf 250° vorheizen. Den Teig umgedreht (die Naht zeigt nach oben) in den heißen Bräter geben, in den Ofen schieben (unten oder unteres Drittel) und das Brot abgedeckt 30 Min. backen. Anschließend die Backofentemperatur auf 230° reduzieren, den Deckel abnehmen und das Brot offen in ca. 15 Min. knusprig und gebräunt zu Ende backen (Stäbchenprobe machen). Das Brot auf einem Gitter auskühlen lassen.

VARIANTE

HASELNUSS-FEIGEN-FRÜHSTÜCKSBROT
Lust auf was Neues? Ersetzen Sie die Walnüsse durch grob gehackte, geröstete Haselnüsse. Zusätzlich 75 g getrocknete, gewürfelte Feigen 30 Min. in warmem Wasser einweichen, abgießen, abtropfen lassen und mit den Nüssen unter den Teig rühren. Fertigstellen wie im Rezept beschrieben.